Doethineb
Mam

Nia Elin

DREF WEN

649.122

Sut bynnag y byddwch chi'n teimlo ynghylch cael babi, mi fedra i eich sicrhau chi nad oes dim all eich paratoi chi'n llawn ar gyfer eich cyfrifoldebau newydd.

Oes, mae yna ddyddiau hapus a bodlon yng nghwmni babi, ond mae 'na ambell awr dywyll hefyd. Pan fo pethau'n flêr a chithau'n teimlo'n ddihyder ac yn rhwystredig, cofiwch nad chi yw'r cyntaf i deimlo felly, dim o bell ffordd.

I mi'n bersonol, wrth ddechrau magu plant, roedd cyngor gan rieni mwy profiadol yn hynod o werthfawr. Yr hyn wnes i oedd siarad, holi, siarad mwy, holi mwy a gwneud ymdrech fwriadol i fod yng nghwmni mamau a thadau oedd yn gallu cydymdeimlo â'r gofidiau oedd gen i. Wir i chi, mae dod yn rhiant yn gyfle bendigedig i wneud ffrindiau newydd.

Erbyn hyn mae gen i ddau o blant. Rwy'n dal i ddysgu, ond rwy ychydig yn fwy hyderus yn fy rôl fel mam bellach ac mae'r diolch am hynny i brofiadau rhieni eraill yn ogystal â'm profiadau fi fy hun.

Gobeithio y bydd y llyfr bach hwn yn cynnig cysur a chymorth ac ambell syniad da wrth i chi ganfod eich ffordd ar hyd llwybrau newydd eich bywyd fel rhiant.

Nia Elin

Cynnwys

Cysga di fy mhlentyn tlws …

Synnwyr cyffredin … wnaiff babi ddim cysgu os yw e'n anghyffforddus. Cyn rhoi'r babi yn ei grud gwnewch yn siwr nad oes arno eisiau bwyd neu newid clwt, a gwnewch yn siwr ei fod e'n gynnes ond ddim yn rhy boeth.

Cofiwch osod eich babi i orwedd ar ei gefn yn y crud, gyda'i draed e'n cyrraedd at waelod y crud.

Rydych chi i fod i ymlacio tipyn cyn i'r babi gyrraedd! Prynwch gryno-ddisg o gerddoriaeth ymlaciol a gwrandewch arno'n aml – trowch e lan yn ddigon uchel fel bod modd i'r babi ei glywed yn y groth. Wedi'r geni, gallwch chwarae'r gerddoriaeth gyfarwydd iddo

i helpu gyda'r cysgu.

Mae cael trefn sefydlog ar gyfer amser cysgu'n holl bwysig, felly ceisiwch osod patrwm yn weddol gynnar.

Peidiwch â gadael i'ch babi gwympo i gysgu wrth fwydo ar y fron neu â photel. Bydd hynny'n ei wneud e'n ddibynnol ar sugno er mwyn setlo ac yn ei rwystro rhag datblygu'r gallu i'w setlo ei hun i gysgu.

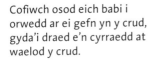

"Pan fyddai fy merch yn cwympo i gysgu wrth fwydo, mi fydde chwythiad bach i'w chlust yn ei deffro ac yn gwneud iddi ailgydio a gorffen bwydo. Mae pinsied bach ysgafn i sawdl y babi yn effeithiol hefyd."

9

Nos yw nos a dydd yw dydd, ac fe allwch chi helpu eich babi i wahaniaethu rhwng y ddau. Tra bod bwydo, newid, chwarae a siarad yn grêt yn ystod y dydd, ceisiwch wneud popeth mewn tawelwch yn ystod y nos a chadwch y golau'n isel os yn bosib. Os nad oes angen newid clwt, peidiwch â gwneud. Gwn am rai ffrindiau oedd yn gosod eu babi i gysgu mewn dau le gwahanol er mwyn helpu gwahaniaethu rhwng dydd a nos – *carry-cot* lawr llawr yn ystod y dydd, a chrud lan stâr gyda'r nos. Roedd trefn felly hefyd yn helpu i'r babi arfer cysgu trwy wahanol synau.

Byddwch yn deg â'ch babi. Unwaith y byddwch chi'n dechrau sefydlu patrwm o ran paratoi i fynd i'r gwely a chysgu, cadwch at y patrwm hwnnw a pheidiwch â gadael i unrhyw drefniadau eraill amharu arno. Fedrwch chi ddim disgwyl i fabi ifanc gyfarwyddo ag amser gwely os ydych chi'n mynnu ei gario i siopa neu i dai ffrindiau pan fo'n amser cysgu!

Mae yna wahaniaeth rhwng pendwmpian a chael cwsg hir a boddhaol. Wrth i'ch babi fynd yn hŷn, byddwch yn sylwi ar yr amgylchiadau sy'n cyfrannu at y naill a'r llall. Pan welwch chi fod eich babi wedi blino, rhowch e yn ei grud i gysgu yn hytrach na gadael iddo hepian mewn cadair neu yn y pram. Buan y bydd e'n dysgu beth yw pwrpas y crud.

Mae personoliaeth babi'n gallu bod yn ffactor wrth benderfynu sut i'w roi e i gysgu. Mae rhai yn ymollwng yn ddidrafferth, ac eraill yn ymladd cwsg. Mae rhai yn ymateb yn well i dywyllwch llwyr, tra bod eraill angen cysur golau gwan. Gweithiwch gyda phersonoliaeth eich babi yn hytrach na cheisio ei newid yn ormodol.

Suo: Mae rhai babanod yn hoffi cael eu suo i gysgu. Cofiwch, gall y sŵn sy'n cael yr effaith gywir amrywio'n fawr. Triwch ganu hwiangerddi, chwarae cerddoriaeth isel, siarad yn dawel neu sibrwd stori fach. Fel arall, beth am sŵn tician cloc neu hyd yn oed sŵn yr hwfer neu'r peiriant golchi yn y pellter?

Pan fo babi ifanc yn cael trafferth setlo, gall Dad helpu trwy osod pen y babi o dan ei ên. Bydd cryniadau'r laryncs wrth i Dad siarad yn suo'r babi i gysgu. Mae'r un peth yn wir am osod pen y babi yn erbyn y frest fel y gall wrando ar guriad calon Mam neu Dad.

I fabi ychydig yn hŷn sy'n dechrau symud, cofiwch fod blinder corfforol yn ffactor bwysig i'w gael i gysgu gyda'r nos. Mae yna duedd i fabi dreulio'r diwrnod yn cael ei drosglwyddo o'r gadair uchel i'r sedd car, yna i'r troli siopa, i'r pram a nôl i'r sedd car! Mae'n hawdd cyflwyno amser symud a chwarae hyd yn oed i fabi ifanc iawn.

11

Os fyddwch chi'n siglo eich babi i gysgu fel arfer, peidiwch â disgwyl iddo gysgu heb gael ei siglo wrth iddo fynd yn hŷn ac yn drymach. Os fyddwch chi am newid y sefyllfa, rhaid i chi dderbyn y bydd yn rhaid cael cyfnod o newid graddol. Synnwyr cyffredin yw hyn, ond beth am sefydlu patrwm o ganu caneuon wrth i chi siglo, yna, ar ôl rhai dyddiau, dechreuwch siglo am gyfnod byrrach bob nos, a gosodwch y babi yn y crud gan barhau i ganu'r caneuon cyfarwydd. Falle y bydd angen cadw'r cyswllt corfforol ar fynd mewn gwahanol ffyrdd. Ceisiwch osgoi codi a chwtsho eich babi, ond gallwch gynnig cysur trwy orffwys eich llaw ar fola neu ar ben eich babi. Un cam ar y tro – efallai y bydd hi'n rhai wythnosau cyn y gallwch chi roi'r babi i lawr ar ei union, ond gydag amynedd fe ddaw!

Dilynwch eich greddf. Po fwyaf o amser y byddwch chi'n ei dreulio yng nghhwmni eich plentyn, cryfaf oll fydd eich adnabyddiaeth ohono. Yn anffodus, dyw greddf famol ddim yn cyrraedd mewn parsel bach twt yr union 'run pryd â'r babi newydd. Rhywbeth i chi ei feithrin ydyw, ond os yw eich greddf yn dweud bod rhywbeth o'i le, peidiwch â'i hanwybyddu.

O'r cot i'r gwely MAWR!

Pryd mae gwneud y symudiad? Pan fydd eich plentyn yn mynd yn rhy fawr i gysgu yn y cot, ac nid pan fydd eich plentyn yn cyrraedd oedran arbennig.

Peidiwch ag ystyried newid o'r cot i'r gwely os nad yw patrwm cwsg eich plentyn yn sefydlog a chyson.

Dyw e ddim yn syniad da gwneud y symudiad pan fo babi arall ar fin cyrraedd neu newydd gyrraedd. Os ydych chi angen y cot ar gyfer babi arall, gwnewch y symudiad ymhell o flaen llaw, rhag i'ch plentyn deimlo bod rhaid iddo ildio ei le i'r babi newydd.

Gosodwch y gwely newydd yn ystafell eich plentyn cyn symud eich plentyn allan o'r cot. Gadewch iddo gael cyfle i ddod i arfer â'r gwely. Gallwch ddarllen a chwarae neu orffwys ar y gwely gyda'ch gilydd yn ystod y dydd am rai dyddiau cyn mentro gyda'r symudiad mawr.

Ewch allan i ddewis dillad gwely gyda'ch plentyn ac yna gwisgwch y gwely gyda'ch gilydd.

Cofiwch osod clustogau ar y llawr i esmwytho'r cwymp cyntaf yna! Os bydd eich plentyn yn cael dolur wrth gwympo o'r gwely ar ei noson gyntaf ynddo, fedrwch chi ddim disgwyl iddo fodloni ar fynd yn ei ôl i gysgu yno!

13

Gwnewch yn siwr fod eich plentyn yn ddiogel. Rhowch giât ar ddrws yr ystafell, rhag ofn y bydd eich plentyn yn penderfynu crwydro yn y nos.

Does dim rhaid prynu ffrâm galed i'w gosod ar ymyl y gwely. Rholiwch hen flanced drwchus fel sosej a'i rhoi o dan y fatres. Bydd hyn yn codi'r fatres ac yn rhwystro'ch plentyn rhag rholio allan.

Rhowch gadair esmwyth a blanced gynnes wrth ochr gwely eich plentyn. Fe fyddwch yn treulio amser yno'n rheolaidd pan fydd eich plentyn yn sâl neu'n dioddef hunllefau, ac fe fyddwch chi'n fwy amyneddgar os ydych chi'n gynnes a chyfforddus!

Gosodwch hoff degan neu dedi eich plentyn ar y gwely.

Os bydd eich plentyn yn dioddef hunllefau, ceisiwch beidio â dringo i mewn i'r gwely ato. Mae hyn yn creu patrwm a fydd yn anodd i'w dorri yn nes ymlaen. Os setlwch chi'n dawel yn y gadair esmwyth a chydio yn llaw eich plentyn, bydd y ffaith eich bod chi yno'n ddigon i'w dawelu a'i gysuro. Cofiwch beidio â dechrau sgwrs nac ymateb i gwestiynau oni bai eich bod yn bwriadu bod yn effro drwy'r nos!

14

Cofiwch fod canmoliaeth yn aml yn fwy effeithiol na cherydd. Wrth i'ch plentyn fynd yn hŷn, os yw'n cael trafferth cysgu beth am greu siart sticeri a chynnig seren iddo bob tro y bydd wedi cael noson dda?

Os ydych yn dal i fod yn bryderus am broblemau cwsg eich plentyn, mynnwch air gyda'ch ymwelydd iechyd. Gall fod yna nifer o resymau am hyn, ac fe fydd ef neu hi'n gallu cynnig cyngor. Un o'r pethau cyntaf y bydd yr ymwelydd iechyd yn ei wneud yw holi am bethau megis deiet, patrwm cysgu yn ystod y dydd a phatrwm paratoi i fynd i'r gwely.

Gwlychu'r gwely

Cofiwch fod hon yn broblem gyffredin iawn ymhlith plant dan wyth oed, ac mae eich ymateb chi i'r sefyllfa yn bwysig. Peidiwch â cholli eich tymer – canolbwyntiwch yn hytrach ar gamau ymarferol i hwyluso pethau yn ystod y nos ac ar ystyried beth all fod y tu cefn i'r broblem.

Mae rhai o'r farn y gall y broblem fod yn un emosiynol. Oes yna newidiadau mawr wedi digwydd ym mywyd eich plentyn yn ddiweddar? Ystyriwch yr ateb i'r cwestiwn hwn o safbwynt eich plentyn yn hytrach na rhoi ateb o safbwynt oedolyn. Gall rhywbeth sy'n ymddangos yn ddibwys iawn i chi fod yn beth mawr yn meddwl y plentyn.

Holwch eich hunan a'ch partner os oedd problem debyg gennych chi yn eich plentyndod. Gall fod yn dueddiad genetig. Hefyd, ystyriwch mor fach yw pledren eich plentyn – a yw'n yfed gormod cyn mynd i'r gwely, neu a yw'n ymateb yn anffafriol i fathau arbennig o ddiodydd?

Ystyriwch a yw eich plentyn wedi dangos arwyddion o golli rheolaeth ar ei bledren yn ystod y dydd hefyd. Os ydyw, oes yna unrhyw arwyddion eraill o anhwylder megis poenau neu wres? Ewch i weld eich meddyg os ydych yn credu y gall fod yna sail feddygol i'r broblem.

Dechreuwch trwy atal diodydd oddeutu awr cyn amser gwely. Does dim angen i chi wneud pwynt o egluro hyn wrth eich plentyn – dydych chi ddim angen ei bryderu ymhellach am y sefyllfa.

Gallwch godi eich plentyn a'i gerdded i'r tŷ bach pan fyddwch chi'n paratoi i fynd i'r gwely. Gwnewch hyn am gyfnod o wythnos cyn ystyried a yw'r sefyllfa wedi gwella. Does dim i'ch rhwystro rhag parhau â'r drefn hon am gyfnod hirach os oes angen, ond cofiwch fod yna elfen o fod eisiau dysgu eich plentyn i adnabod yr ysfa i wacáu ei bledren ac i ymateb i'r ysfa honno drosto'i hun.

Oes arno ofn codi? Codwch yn y tywyllwch a dilynwch yr un llwybr trwy'r tŷ ag y byddai eich plentyn yn ei wneud – ydych chi'n sylwi ar bethau fyddai'n codi ofn arno yn y nos? Er enghraifft, cysgodion ar ffenestri'r landin, sŵn chwyrnu o stafell gyfagos ayb. Efallai na fedrwch chi wneud dim am y sŵn chwyrnu, ond gallwch ddelio gyda nifer o bethau eraill megis sicrhau bod digon o olau iddo ganfod ei ffordd i'r tŷ bach ac yn ôl i'w wely heb ddychryn.

> Gwnewch yn siwr fod yna orchudd priodol i wrthsefyll gwlybaniaeth ar wely eich plentyn. Mae hyn yn ddefnyddiol ar gyfer yr adegau hynny pan fydd eich plentyn yn chwydu yn ogystal â gwlychu'r gwely! Mae golchi'r dillad gwely yn haws o lawer na cheisio golchi a sychu'r fatres.

Fe wn i am rai mamau sy'n defnyddio dau orchudd gwrthsefyll gwlybaniaeth ar wely eu plentyn. Pan fydd damwain yn digwydd, dim ond mater o dynnu'r haenen gyntaf yw hi wedyn, yn hytrach na gorfod dechrau gwisgo'r gwely o'r newydd. Er hwylustod, mae'n ddefnyddiol cadw cwilt arall wedi ei wisgo'n barod wrth law hefyd. Lapiwch eich plentyn yn hwnnw i'w gadw'n gynnes tra byddwch chi'n rhoi trefn ar y dillad gwely.

Bwydo ar y fron

Bydd unrhyw fam newydd wedi cael y ffeithiau gan ei bydwraig. Mae'r pwyslais ar annog i fwydo ar y fron, ond dyw hynny ddim bob amser yn rhwydd. Er fod gan bob mam yr 'offer' angenrheidiol, mae nifer fawr yn cael trafferthion ar y dechrau.

Yn y dyddiau cynnar, mae'r bronnau'n galed a phoenus, a gall croen y deth ddioddef. Gwnewch yn siwr fod eich babi'n sugno'n gywir – mae angen i geg eich babi amgylchynu'r areola gyfan, ac nid dim ond y deth.

Os yw'r sugno yn sychu'r deth ac yn creu craciau poenus, gallwch brynu hufen pwrpasol i wella'r croen. Opsiwn rhwydd ac effeithiol yw defnyddio llaeth y fron i wlychu'r croen, neu mae rhai yn awgrymu taenu mêl dros y deth, ond gofalwch lanhau'r deth yn drwyadl cyn ei chynnig i'ch babi eto. Mae gorchuddion teth i'w cael hefyd (*nipple shields*), a gall eich babi sugno'r fron drwy'r rhain os yw pethau'n wirioneddol ddrwg arnoch chi.

> Cadwch eich bronnau yn sych a glân – mae glendid yn bwysig, a bydd yn hyrwyddo gwellhad y croen. Peidiwch â golchi'r tethau gyda sebon gan fod hynny'n tueddu i sychu'r croen yn fwy fyth.

Ar gyfer bronnau caled sy'n gorlenwi â llaeth, gallwch ddefnyddio dail bresych i'w hesmwytho. Mae'n swnio'n rhyfedd, ond mae e'n gweithio! Rhowch y dail yn yr oergell, a phan fyddan nhw'n oer iawn torrwch dwll yn y ddeilen ar gyfer y deth cyn gosod y dail i mewn yn eich bra. Gadewch nhw yno nes bydd y dail wedi cyrraedd tymheredd y corff cyn eu tynnu. Gallwch ailadrodd y broses fel bo angen.

Peidiwch â phoeni os yw eich bronnau'n anghyfforddus ar y dechrau – o fewn ychydig ddyddiau bydd eich corff yn cyfarwyddo gyda faint o laeth sydd angen ei gynhyrchu er mwyn digoni eich babi.

19

Cofiwch ymlacio wrth fwydo – mae hynny'n helpu'r llaeth i lifo. Gwnewch yn siwr fod gennych chi bopeth wrth law – efallai y bydd llyfr neu radio neu gerddoriaeth yn eich helpu i ymlacio a pheidiwch â phoeni am ba mor hir y mae'r babi wrthi'n bwydo. Ceisiwch gadw eich babi yn effro, dyna'i gyd!

Mwynhewch y cyfle i eistedd ac ymlacio wrth fwydo, ond peidiwch â chael eich temtio i yfed diod poeth tra bydd eich babi ar eich glin, rhag i chi ei ollwng a llosgi eich babi.

Gwrandewch ar eich corff. Os nad yw bwydo o'r fron yn gweithio ar ôl ymdrech deg, yna potel amdani. Mi fyddwch chi a'r babi yn hapusach eich byd.

Unwaith mae'r patrwm bwydo wedi ei sefydlu'n gadarn, gallwch gynnig dŵr sydd wedi cael ei ferwi er mwyn ei sterileiddio a'i oeri i'r tymheredd cywir wedyn. Mae'n bwysig sicrhau bod y bwydo wedi ei sefydlu'n iawn cyn gwneud hyn – mae technegau sugno'r fron a sugno potel yn wahanol iawn.

Bwydo â photel

Prynwch ddigonedd o boteli – fe fyddwch chi'n siwr o adael un yn nhŷ Mam-gu, un yn nhŷ ffrind ayb.

Edrychwch yn fanwl ar deth y botel o dro i dro, er mwyn sicrhau nad yw'n hollti.

Fel gyda dymis, mae meintiau a siapiau'r tethau yn amrywio, yn ogystal â maint y twll yn y deth. Dewiswch un addas ar gyfer oedran ac anghenion bwydo'r babi.

Cadwch un botel yn llawn o ddŵr yn unig – dŵr wedi ei ferwi yn gyntaf, wrth gwrs. Cadwch hwn ar dymheredd ystafell – gall fod yn achubiaeth os nad oes rhywle addas i chi fwydo eich babi neu os nad oes gennych chi lefrith wedi ei baratoi yn barod. Mae angen newid y dŵr a sterileiddio popeth eto yn aml Mae cynnig dŵr hefyd yn gymorth pan fyddwch chi'n cyrraedd cyfnod ceisio ymestyn y bwlch amser rhwng un pryd a'r llall.

Mae disgwyl i'r tegell ferwi, cymysgu'r llaeth powdwr ac yna aros nes fod hwnnw wedi oeri i'r tymheredd cywir yn cymryd amser – gall hyn deimlo fel oes os yw eich babi'n sgrechian eisiau bwyd. Gwnewch bethau'n hawdd i chi'ch hun – cadwch un botel wedi ei pharatoi yn yr oergell, ond gwnewch yn siwr eich bod yn ei defnyddio ar gyfer y pryd nesaf.

Prynwch cool bag bach i gadw'r llaeth ynddo gyda'r nos. Os yw'r llaeth yn chwilboeth (yn syth o'r tegell) wrth ei osod yn y bag, fe fydd yn oeri'n fwy graddol yn y bag, ac felly'n barod ar gyfer y pryd nesaf ymhen ychydig oriau. Bydd angen arbrofi i gael yr amseru a'r tymheredd yn gywir, ond daliwch ati. Byddwch yn falch o arbed mentro lawr i'r gegin oer ganol nos!

Cadwch garton o laeth fformiwla wedi ei gymysgu'n barod a photel lân ym mag newid eich babi. Os nad ydych yn hoffi'r syniad o laeth parod, cadwch ddŵr wedi ei sterileiddio mewn potel lân, a mesurwch y powdwr a'i gadw ar wahân er mwyn gallu ei gymysgu'n sydyn pan fo angen. Bydd y dŵr eisoes yn agos i'r tymheredd cywir os yw wedi ei gadw ar dymheredd ystafell arferol. Gall hyn helpu'r pwysedd gwaed pan fyddwch allan o'r tŷ a'ch babi'n dechrau sgrechian eisiau bwyd! Ond cofiwch, unwaith mae'r fformiwla wedi ei gymysgu â'r dŵr, defnyddiwch y botel yn fuan.

Ddim yn bwydo? Mae babi ifanc iawn yn gallu dadhydradu'n gyflym. Os yw'r tywydd yn dwym, cadwch eich babi allan o'r gwres a gwnewch yn sicr ei fod e'n cael digon o hylif. Os nad yw babi ifanc yn bwydo, cysylltwch â'ch meddyg neu eich ymwelydd iechyd am gymorth a chynigiwch ddŵr wedi ei sterileiddio (ychydig ar y tro) os nad oes gan eich babi ddiddordeb mewn llaeth.

22

Gwynt: Cofiwch, dyw babi bach ddim yn symud llawer ac mae symud yn rhan hanfodol o hyrwyddo'r system dreulio i weithio'n effeithiol. Gallwch helpu trwy amrywio ble a sut mae'ch babi yn eistedd a gorwedd. Codwch fabi bach i edrych dros eich ysgwydd, neu rhowch e i orwedd ar ei gefn yn gyson, gan adael iddo gicio ei goesau'n rhydd. Fel unrhyw oedolyn, falle fod angen llacio'r clwt ryw ychydig ar ôl sesiwn estynedig o fwydo!

23

Bwyd cyntaf

> "Rhowch biwres ffrwythau a llysiau gwahanol i rewi mewn bocsys ciwbiau rhew. Wedi iddynt rewi, gwacewch yr hambyrddau a chadw'r blociau bwyd mewn bagiau plastig yn y rhewgell. Mae nhw'n dadmer yn gyflym a medrwch eu defnyddio a'u cymysgu fel y mynnwch."

Os yw eich plentyn yn llygadu eich bwyd chi'n mynd i'r geg, mae'n amser meddwl am fwydydd soled. Fel arfer, mae babi'n barod i ddechrau ar fwydydd amrywiol pan fydd yn cyrraedd tua chwe mis oed. Os yw'ch babi'n ymddangos yn llwglyd yn gyson cyn hynny, yna trafodwch yr opsiynau gyda'ch ymwelydd iechyd.

Rhowch fwyd i'ch plentyn 'chwarae' ag e pan fydd eich babi yn cyrraedd yr oedran pan fo popeth yn dechrau mynd i'r geg. Mae darnau o fanana, ciwbiau bach o afal heb groen a phasta yn opsiynau hawdd. Peidiwch â phoeni am y llanast, mae'ch plentyn yn mynd trwy'r broses hanfodol o ddysgu am edrychiad, teimlad, arogl a blas bwyd.

24

Os oes gan eich plentyn fwy o ddiddordeb yn eich bwyd chi, dim problem! Dyma gyfle da i annog eich babi i brofi bwyd newydd. Rhannwch blât mawr gyda'ch gilydd neu rhowch ychydig o'ch bwyd chi ar blât llai. Byddwch yn ofalus o ran y cynnwys – dim gormod o halen, dim esgyrn ayb.

Defnyddiwch focsys ciwbiau rhew i weini bwyd eich babi. Llenwch y bylchau sy'n dal y ciwbiau gyda darnau bach o fwyd lliwgar, maethlon a gadewch i'ch plentyn ddewis a dethol.

Ceisiwch eistedd wrth y bwrdd i fwyta gyda'ch babi mor aml â phosib – dysgwch iddo fod amser bwyd yn amser teuluol a chymdeithasol yn hytrach nag yn orchwyl anodd.

Peidiwch â gadael eich babi wrth y bwrdd yn bwyta ar ei ben ei hun rhag iddo dagu, ond peidiwch â hofran a disgwyl i'ch plentyn fwyta. Fe fydd e'n teimlo dan bwysau ac fe fyddwch chi'n teimlo'n rhwystredig! Ewch i wneud rhywbeth arall ond arhoswch wrth law a daliwch i gadw golwg fanwl arno!

Rhowch enwau hwyliog i wahanol fwydydd – coed brocoli, olwynion banana neu frics caws. Gwnewch wynebau a siapiau amrywiol wrth osod y bwyd ar blât er mwyn annog eich plentyn i'w bwyta.

25

Mae plant yn hoffi byseddu bwyd, a does dim byd yn bod ar hynny os yw bysedd eich babi'n lân cyn dechrau. Gallwch baratoi dipiau a phiwres amrywiol a rhoi ffyn bara neu ddarnau ciwcymbyr i'ch plentyn fel y gall eu defnyddio i flasu'r bwyd. Paratowch y dipiau eich hun – byddwch yn gwybod nad oes cynhwysion anaddas i fabi ynddyn nhw wedyn.

Peidiwch â gorlenwi plât eich plentyn, yn enwedig ar y dechrau. Dydych chi ddim eisiau i'r plentyn deimlo bod bwyta'n dasg sylweddol. Cofiwch, bol bach sydd gan fabi!

Wrth i'ch babi fynd yn hŷn, dysgwch iddo ddefnyddio offer bwyta priodol. Dechreuwch gyda llwy – un wedi ei gwneud o blastig meddal os yn bosib, a handlen hir arni. Bydd yn cymryd misoedd lawer i fabi feistroli defnyddio llwy, felly bydd angen i chi barhau i fwydo'r plentyn er mwyn sicrhau ei fod e'n cael digon i'w fwyta.

Cynigiwch fforc iddo pan fydd wedi meistroli'r llwy, a chyllell wedyn yn olaf.

Erbyn ei fod tua pymtheg mis oed, dylai eich plentyn fod wedi meistroli yfed dŵr, llaeth a sudd wedi'i ddyfrio o gwpan plastig a chaead arno. Bydd angen cymorth i feistroli cwpan ar y dechrau, ond mae'n sgìl y gwnaiff eich plentyn ei ddysgu'n gyflym gydag ychydig o ddyfalbarhad.

Yn bennaf oll, gwnewch ymdrech fwriadol i beidio â throi amser bwyd yn frwydr rhyngoch chi a'ch plentyn!

Dymi

Beth bynnag ydych chi'n ei alw fe, mae dymi wedi bod yn achubiaeth i lawer mam yn y gorffennol.

Mae dymi'n ddefnyddiol i geisio cysuro babi sy'n llefain am fwyd yn aml. Gallwch ei ddefnyddio i geisio ymestyn y cyfnod rhwng un sesiwn bwydo a'r nesaf, i dawelu babi anesmwyth neu ar gyfer babi sydd wedi datblygu'r arfer o ddefnyddio'r fron neu'r botel fel cysur. Mae hefyd yn gallu atal plentyn rhag mynd i'r arfer o sugno ei fawd.

Da chi, peidiwch â chael eich temtio i roi'r dymi mewn siwgr nac mewn unrhyw beth arall cyn ei gynnig i'r babi.

Fel popeth arall, mae angen sterileiddio'r dymi os ydych am gynnig un i fabi ifanc. Mae nifer yn cael eu gwerthu gyda chaeadau er mwyn helpu i gadw'r deth yn lân. Prynwch un o'r bachau hynny sy'n cysylltu'r dymi â dillad eich plentyn er mwyn rhwysto'r dymi rhag cwympo ar lawr yn gyson.

Fel gyda'r tethau ar boteli bwydo, mae gwahanol feintiau a gwahanol siapiau ar gael. Dewiswch siâp a maint addas ar gyfer eich babi.

Gallwch gynnig dymi i fabi sy'n bwydo o botel yn syth, ond gwell aros ychydig wythnosau cyn ei gynnig i fabi sy'n bwydo ar y fron. Mae'r dull sugno yn wahanol, ac mae'n bwysig sefydlu'r patrwm bwydo yn gyntaf.

Wrth i'r dannedd ddatblygu, rhaid bod yn ofalus i beidio â gorddefnyddio'r dymi gan fod y deth yn fwy tebygol o gael ei chnoi, a rhaid gofalu hefyd nad yw gorddefnydd o'r dymi yn effeithio ar siâp y dannedd blaen. Astudiwch ddymi eich plentyn am ddifrod, a thaflwch unrhyw ddymi sydd â thwll yn y deth neu unrhyw ddifrod gweladwy arall.

Sut i wared ar y dymi?

Gallwch leihau defnydd eich plentyn o'r dymi yn raddol. Falle fod angen sicrhau bod y dymi 'ar goll' yn ystod y dydd a'i ganfod e pan fo'n amser gwely yn unig cyn torri i lawr ymhellach. Cofiwch gadw'r dymi o'r golwg wrth i chi ddechrau lleihau'r defnydd ohono. Efallai y bydd angen ei gadw e'n rhywle gwahanol i'r arfer.

Mae digon o ddulliau creadigol o wared ar y dymi …

> "Mi wnaethon ni roi'r dymi allan yn rhodd i Siôn Corn gyda'r mins peis a'r llaeth, gan ddweud wrth ein mab tair oed y byddai'n cael anrheg yn ei le yn y bore. Unwaith welodd e'r beic newydd coch doedd dim sôn am y dymi wedyn! Fe weithiodd, ac rwy'n gwybod bod hyn wedi gweithio i sawl ffrind."

Beth am:

★ Ei lapio mewn papur pert a'i roi yn anrheg i fabi newydd

★ Ei adael 'ar ddamwain' yn nhŷ ffrind, gan addo mynd i'w nôl e'r diwrnod canlynol. Unwaith mae'r plentyn yn arfer gydag ambell noson heb ddymi, bydd y cam nesaf yn llawer haws. Gyda llaw, gwnewch bwynt o adael y dymi yn nhŷ ffrind ac nid dim ond esgus – fel arall byddwch yn cael eich temtio i ildio os bydd y dymi yn y tŷ!

★ Y Tylwyth Teg – beth am drin y dymi fel dant plentyn hŷn? Darbwyllwch eich plentyn i osod y dymi o dan ei obennydd yn anrheg i'r Tylwyth Teg!

Dannedd

Mae oedran torri dannedd yn amrywio. Mae rhai babanod yn cael eu dant cyntaf mor gynnar â thri mis oed ac eraill yn dal heb yr un yn flwydd oed!

Bydd y boen yn amrywio o ddant i ddant ac o blentyn i blentyn. Cofiwch y bydd eich babi'n diodde poen torri dant ymhell cyn i unrhyw ddant ddechrau ymddangos. Gwyliwch am symptomau fel driblo, trwyn yn rhedeg, deffro mwy yn y nos, dolur rhydd a dim chwant bwyd. Mae rhai plant yn datblygu peswch wrth dorri dant hefyd.

Cofiwch sychu wyneb eich plentyn yn aml i osgoi cael brech o amgylch y geg oherwydd y gwlybaniaeth. Gallwch ddefnyddio'r un math o hufen ag ydych chi'n ei ddefnyddio ar ben-ôl y babi – *barrier cream* – gan fod hwn yn creu haenen amddiffynnol rhag y gwlybaniaeth.

Peidiwch â defnyddio'r un potyn o hufen ar gyfer y pen-ôl a'r geg rhag ofn i chi drosglwyddo germau a'u rhwbio dros wyneb eich babi druan!

I esmwytho'r boen, rhaid trio popeth! Mae cnoi ar rywbeth yn rhoi ychydig o ryddhad … ac mae bysedd Mam bob amser yn ddefnyddiol, dim ond i chi wneud yn siwr eu bod yn lân.

Rhowch wlanen lân yn y rhewgell am gyfnod, yna cynigiwch hi i'ch plentyn i'w chnoi – bydd hynny'n helpu i fferru'r cnawd wrth fôn y dannedd.

Ceisiwch dynnu sylw eich plentyn oddi ar y boen mewn unrhyw ffordd bosib – symudwch o stafell i stafell i gael golygfa gwahanol, triwch ganu neu siglo nôl a mlaen neu chwarae.

Cofiwch, gallwch ddisgwyl y bydd y boen yn waeth gyda'r nos oherwydd blinder ac am nad oes gan eich plentyn bethau eraill i dynnu ei sylw.

Anghofiwch am y drefn gysgu ar adegau fel hyn – mae angen maldod a chariad a chymorth ar eich babi i ddelio â'r boen. Rhowch gerddoriaeth dawel ymlaen, ac esmwythwch y bychan wrth siarad neu dylino.

Defnyddiwch driniaethau lladd poen sy'n briodol ar gyfer oedran eich babi. Gallwch gynnig ffisig ar lwy neu rwbio cyffuriau yn uniongyrchol ar y gyms. Roeddwn i'n teimlo bod rhai paratoadau yn fwy effeithiol na'i gilydd, felly arbrofwch i weld pa un sydd fwyaf effeithiol ar gyfer eich babi chi. Mae paratoadau naturiol ar gael hefyd – pethau megis gronynnau camomeil ayb.

Wedi i'r dant gyrraedd ac i'r boen gilio, gallwch ddechrau glanhau'r dant. Mae brwsys bach pwrpasol i'w cael, ond cofiwch ddefnyddio dŵr yn unig i ddechrau, cofiwch. Mae gormod o fflŵorid yn ddrwg i blant ifanc.

Gadewch i'ch plentyn sylwi arnoch chi'n glanhau eich dannedd. Buan y bydd e'n dymuno eich efelychu.

Ewch â'ch plentyn i weld y deintydd o oedran cynnar iawn, iddo gael arfer â'r sedd yna ymhell cyn bod angen unrhyw driniaeth!

31

Difyrru

Mae chwarae'n hanfodol i ddatblygu sgiliau eich plentyn. Does dim angen cyfrif banc helaeth – mae'r adloniant gorau i fabi a phlentyn yn rhad ac am ddim!

Canwch gyda'ch plentyn o'r dechrau – yn y car, wrth siopa, yn y bath, yn y gwely! Ody, mae cryno-ddisgiau ac ati yn wych … ond does dim byd yn cymharu â lleisiau Mam a Dad! Dyfeisiwch ganeuon a rhigymau bach dwl wrth fwydo, newid clwt, yn y bath, wrth yrru yn y car neu wrth dawelu'r babi i gysgu.

Darllenwch i'ch plentyn pob dydd. Mae edrych ar lyfrau a lluniau hefyd yn ffordd arbennig o dda o ehangu geirfa a dealltwriaeth eich plentyn o bethau pob dydd – hyd yn oed ymhell cyn iddyn nhw ddysgu siarad.

Dyw hi byth yn rhy fuan i gael teganau yn y tŷ i'ch babi. Hyd yn oed yn y dyddiau cynnar, bydd babi'n gallu ymarfer ffocysu ei lygaid ar degan lliwgar. Mae teganau sy'n gwneud sŵn hefyd yn bwysig er mwyn gweld a yw eich plentyn yn ymateb i gyfeiriad sŵn. Dewiswch deganau sy'n cario'r marc diogelwch priodol.

Ar ddiwrnod gwlyb ewch â'ch plentyn i'r siop anifeiliaid anwes leol neu i'r ganolfan arddio. Digon i weld, a hynny'n rhad ac am ddim!

Mae mynd i olchi'r car bob amser yn hwyl fawr!

Cadwch botelaid o swigod yn y tŷ – ffordd wych i ddiddanu plant o bob oedran!

Dawnsiwch! Pan fydd eich plentyn yn hŷn gallwch ddawnsio gyda'ch gilydd ... lot o sbort! Cadwch y dawnsio'n egnïol a bydd yn ymarfer corff da i chi ac i'ch plentyn!

Casglwch stôr o hen gylchgronau a thorrwch luniau allan ohonynt i'ch plentyn ludo a chreu.

Drychau – gallwch eich dau eistedd o flaen drych yn tynnu wynebau ar eich gilydd. Neu does dim angen drych o gwbl – eisteddwch gyferbyn â'ch gilydd ac anogwch eich plentyn i gopïo eich symudiadau a'ch wynebau chi.

Mae plant bach yn dwli ar lanhau! Rhowch ddwster a brws bach iddynt a ffwrdd â chi!

Paru – casglwch bentwr o sanau a sgidiau a rhowch sialens i'ch plentyn.

Rhowch bentwr o'ch dillad chi i'ch plentyn – hetiau hefyd – a drych iddo gael edmygu ei hun, a gadewch iddo arbrofi a joio! Mi gewch chi luniau da o hyn hefyd!

Tân! Estynnwch gadach coch a chuddiwch e yn rhywle yn y tŷ. Dyma'r tân, a rhaid i'ch plentyn chwilio amdano. Cewch roi syniad iddo o leoliad y 'tân' gan ymateb gyda 'poeth' neu 'oer' wrth iddo chwilio. Ar ôl darganfod y 'tân', estynnwch y gêm trwy ymateb i leoliad y 'tân', gan gau drysau, cropian ar hyd y llawr ayb. Gwnewch y gêm yn hwyl, ond bydd hyn hefyd yn ymarfer da pe bai'n rhaid ymateb i argyfwng ar unrhyw adeg.

Tu allan, ar ddiwrnod sych, rhowch frws paent iddo a bwced o ddŵr a gadewch iddo baentio'r sied / wal / llawr! Mae sialc hefyd yn gweithio'n dda, ac yn golchi i ffwrdd yn y glaw.

Mae modelu â chlai yn cadw'r rhai bach yn hapus am amser hir.

Mae chwarae pêl yn dda i'ch plentyn, a gallwch wneud hynny o oedran cynnar iawn. Unwaith mae eich babi yn gallu eistedd yn gadarn ar ei ben ei hun gallwch ddechrau rowlio pêl tuag ato. Pan fydd e'n dechrau cropian, gallwch rowlio'r bêl oddi wrtho a'i annog i fynd ar ei hôl hi, ac unwaith mae'ch plentyn ar ei draed mae oriau o hwyl i'w cael gyda phêl. Mae chwarae fel hyn yn datblygu cydbwysedd a chydsymud.

Gadewch iddo osod pasta *penne* sych ar linyn.

Gweithgaredd defnyddiol wrth i chi baratoi swper yw rhoi dŵr yn y sinc, cadair fach i'ch plentyn sefyll arni, llestri plastig a digon o dywelion wrth law. Gadewch iddo ddiddanu ei hun a golchi'r llestri!

Beth bynnag yw oedran eich babi neu'ch plentyn, mae cwmni plant eraill yn bwysig. Mae bod yng nghwmni plant eraill yn helpu gyda sgiliau cymdeithasol allweddol megis rhannu a chyfathrebu, ond mae e hefyd yn hwyl!

Os ydych gartre gyda'ch plentyn, byddwch yn gwneud ffafr fawr â chi eich hun ac â'ch plentyn wrth strwythuro ac amrywio eich gweithgareddau. Gwnewch yn siwr eich bod yn cael digon o awyr iach, a cheisiwch gydbwyso chwarae bywiog, corfforol gydag amser gorffwys, cwmni eraill a chyfnodau o weithgaredd tawel.

Brodyr a chwiorydd

Babi arall ar y ffordd? …
Peidiwch â newid arfer eich plentyn wythnosau cyn y geni.

Byddwch yn gwbl onest gyda'ch plentyn … "Mae babi swnllyd, drewllyd, cysglyd yn cyrraedd, fe fydd e angen sylw Mam a Dad, ac yn methu siarad na chwarae i ddechrau, ond fe gawn ni hwyl yn dysgu iddo beth yw dy hoff gêmau di …!"

Ewch gyda'ch gilydd i weld rhywun sydd wedi cael babi newydd.

Eisteddwch gyda'ch gilydd a dangoswch luniau i'ch plentyn ohono fe yn fabi bach. Dyma gyfle da i sgwrsio am ddisgwyliadau ac i'ch plentyn ofyn cwestiynau.

Soniwch fod angen i bawb yn y teulu helpu i baratoi'r ystafell, dillad y babi, teganau ac ati.

Gofalwch fod rhywun fel Mam-gu a Thad-cu, modryb neu ffrind agos yn gofalu ar ôl eich plentyn tra'ch bod chi yn yr ysbyty.

Pan fydd eich plentyn yn ymweld â chi am y tro cyntaf ar ôl y geni, gofalwch fod y babi newydd yn gorwedd yn y crud er mwyn i chi gael eich breichiau'n rhydd i gofleidio eich plentyn a'i gyflwyno i'w frawd neu ei chwaer fach newydd.

> Peidiwch â rhoi unrhyw degan neu flanced sy'n perthyn i'ch plentyn i'r babi newydd cyn gofyn ei ganiatâd e neu hi. Mae'r pethau bach dibwys yma'n gallu bod yn bethau mawr i blentyn bach.

35

Peidiwch ag anwybyddu eich plentyn pan fyddwch yn gofalu am y babi newydd … gwnewch ymdrech i'w gynnwys ym mhopeth. Wrth newid clwt, canwch i'r babi gyda'ch gilydd; rhowch stori i'ch plentyn pan fyddwch yn bwydo; gadewch iddo estyn a chario pethau i'ch helpu.

Fe fydd yna genfigen ar adegau. Bryd hynny, byddwch yn gyson yn eich ymateb. Eglurwch yn gadarn fod y babi bach newydd yma'n rhan o'r teulu ac yma i aros.

Cadwch lygad ar eich plentyn rhag iddo daro'r babi neu geisio ei godi. Peidiwch â gorymateb i hyn os yw'n digwydd. Eglurwch yn ofalus beth yw'r peryglon a bod brifo'r babi'n annerbyniol. Cofiwch mai greddf sylfaenol yw ceisio amddiffyn eich safle yn y teulu!

Gall sesiwn o *regression* hefo'ch plentyn hynaf fod yn ddefnyddiol. Gadewch iddo chwarae rôl babi bach ifanc am gyfnod byr a byddwch yn greadigol. Er enghraifft, all babi bach newydd ddim bwyta bisged na chwarae pêl ayb – falle y bydd yn sylweddoli bod yn llawer gwell ganddo fwynhau breintiau a sgiliau plentyn tair oed ac nad yw bod yn fabi bach yn fêl i gyd!

O'r clytiau i'r tŷ bach!

Mae newid clwt babi'n gallu bod yn sialens, yn enwedig unwaith y byddan nhw wedi dechrau symud.

Os nad ydyn nhw'n fodlon gorwedd i chi, peidiwch â throi newid clwt yn frwydr. Os ydyn nhw'n gwrthwynebu am eu bod yn rhy brysur yn chwarae, peidiwch â phoeni. Gallwch geisio bargeinio a dwyn perswâd neu adael iddyn nhw fod – fyddan nhw ddim yn gyfforddus yn hir iawn!

O ran tactegau difyrru wrth newid clwt, beth am y rhain?

★ Cynigiwch glwt glân i'r babi a'i gael e i chwarae pi-po

★ Cadwch ei hoff lyfr wrth law

★ Cadwch degan bach y mae'n hoff ohono yn y bag newid

★ Y dacteg *high-tech* - cynigiwch eich oriawr, ffôn symudol neu *remote control* i'w gadw'n llonydd

> *"Unwaith y byddwch chi 'di rhoi eich plentyn mewn nicyrs neu drôns, peidiwch â mynd yn ôl i glytiau yn ystod y dydd. Fe ddysgan nhw'n ddigon buan, dim ond i chi gadw'r cysondeb."*

> "Fy nghas beth i oedd 'poti traino'. Roedd e'n teimlo fel misoedd, ond wrth edrych nôl wnaeth e ddim para mwy nag ychydig wythnosau . . ."

> "Fe wnes i ganfod bod cyfri'n uchel yn helpu! Ro'n i'n bargeinio am ddeg 'eiliad' gyda fy mab, gan gyfri i ddeg bob tro roedden ni'n newid clwt. Roedd hyn yn help iddo fo ddysgu cyfrif dwi'n siwr, ond pan oedd yna glwt budr iawn byddai'n rhaid cyfri dipyn yn arafach nag arfer!'

Mae oedran y plentyn yn cymryd at fynd i'r tŷ bach neu ddefnyddio'r poti'n amrywio.

Cadwch lygad am yr arwyddion – falle y bydd eich plentyn yn dangos diddordeb yn Mam a Dad yn mynd i'r tŷ bach ac yn dechrau bod yn anghyfforddus mewn clwt, neu efallai y byddwch chi'n sylwi ar glytiau sychach nag arfer.

Prynwch lyfr stori am blentyn yn dysgu mynd i'r tŷ bach a darllenwch e gyda'ch gilydd yn rheolaidd.

Gwnewch yn siwr fod pawb sy'n gofalu ar ôl eich plentyn yn ymwybodol eich bod yn 'poti traino' – gofalwyr, y *crèche*, Mam-gu a Tad-cu!

Cofiwch fod cael trefn ar y pi-pi yn haws na'r pw-pw, mae bod yn sych a glân yn ystod y dydd yn dod cyn llwyddo yn ystod y nos, ac fel arfer mae merched yn cyfarwyddo â'r drefn yn gynt na bechgyn.

Gwnewch antur fawr o fynd i brynu poti gyda'ch gilydd, neu sedd doiled arbennig. Gadewch i'ch plentyn ei ddewis a'i roi yn ei le ar ôl cyrraedd adre.

38

Gadewch i'ch plentyn ddewis trôns neu nicyrs newydd – helpwch e i ddewis rhai deniadol a hwyliog!

Mynnwch fod eich plentyn yn dod gyda chi i'r tŷ bach – eisteddwch chi ar y toiled a rhowch eich plentyn i eistedd ar y poti yr un pryd.

Gadewch i'ch plentyn fynd o gwmpas y tŷ a'r ardd yn noeth o'i ganol i lawr . . . bydd hyn yn haws yn yr haf efallai!

Rhowch y poti yn yr ystafell gyda'r plentyn, a thynnu sylw at y ffaith ei fod e yno.

Os yw'ch plentyn yn ypsetio neu'n gwrthod eistedd ar y poti, peidiwch â'i orfodi. 'Dych chi ddim eisiau iddo gymryd yn erbyn y drefn newydd. Rhowch gynnig arall ar bethau cyn bo hir.

Peidiwch â gwylltio os bydd eich plentyn yn cael damwain – dydych chi ddim eisiau i'ch plentyn deimlo o dan bwysau.

Mae llwgrwobrwyo yn werth ei ystyried ar adegau! Rwy'n gwybod am un fam oedd yn paentio ewinedd ei merch fach bob tro roedd hi'n llwyddo i gofio mynd i'r tŷ bach – un ewin ar y tro, yn y gobaith o gael set gyflawn o ewinedd pinc erbyn amser gwely!

Rhowch sticer neu wobr i'ch plentyn bob tro mae'n llwyddo i fynd i'r tŷ bach, a digon o ganmoliaeth a hwrês!

Dysgwch eich plentyn i fflyshio ac i olchi ei ddwylo'n lân cyn gadael yr ystafell ymolchi.

Byddwch yn barod am y damweiniau. Rhowch gynfasau plastig ar y gwely a thywelion bach ar sedd y car a'r bygi.

Ewch â'ch plentyn i'r tŷ bach cyn mynd allan bob tro.

Cariwch becyn o *wipes*, bag plastig i gadw'r dillad brwnt a digonedd o ddillad glân gyda chi i bobman!

Unwaith y bydd eich plentyn yn dechrau mynd i'r tŷ bach, sicrhewch na all gyrraedd y cloeon a chloi ei hun i mewn yno – dyna ffordd sicr o'i ddychryn e ac iddo gymryd yn erbyn bod yn y tŷ bach ar ei ben ei hun!

Byddwch yn amyneddgar, cadwch eich hiwmor a chofiwch nad oes neb mewn clytiau am byth!

Bechgyn yn arbennig ...

"Doedd fy mab i ddim am eistedd ar unrhyw boti na thŷ bach, felly mi brynais foot stool iddo pan oedd yn ddwy a hanner oed ac mi wnaeth e sefyll ar honno ... fel dyn mawr!"

"Rhowch cheerios i lawr y tŷ bach ... ffantastig fel targedau i fechgyn, ac maen nhw'n dysgu bwrw'r dŵr ac nid ymyl y toiled!"

"Roedden ni'n rhoi sticer ar gefn caead y sedd doiled bob tro roedd fy mab yn llwyddo i fynd, a phan fyddai fy ngŵr yn dod adre o'r gwaith roedd yn hwyl i'r ddau gyfrif y sticeri gyda'i gilydd ar ddiwedd y dydd."

Rhowch bêl ping-pong i lawr y tŷ bach a gadewch i'ch mab anelu ati!

Gadewch i'ch mab fynd i'r toiled gyda'i dad i ddysgu sut mae gwneud ... ond byddwch yn barod am 'hiwmor tŷ bach' go iawn! Os yw hyn am fod yn rhan allweddol o'ch strategaeth, dewiswch gyfnod pan all Dad fod adre am rai dyddiau yn olynol er mwyn gallu sefydlu'r patrwm.

Gwisgo

Bydd plentyn yn dysgu dadwisgo cyn gwisgo e.e. wrth dynnu dillad i fynd i'r bath neu i'r pwll nofio. Dechreuwch felly gyda'r dasg o ddadwisgo yn barod i fynd i'r gwely. Anogwch eich plentyn i wisgo ei ddillad nos drosto'i hun. Mae'r rhain fel arfer yn eitemau llac a rhwydd i'w gwisgo.

Os aiff popeth yn rhwydd, buan iawn y bydd eich plentyn eisiau bod yn annibynnol a gwisgo ei hun yn y bore. Dewiswch ddillad sy'n hawdd eu gwisgo – dillad heb fotymau, trowsusau a sgertiau gyda chanol elastig …

Os ydych yn cael problem o ran fod y plentyn yn mynnu dewis beth i'w wisgo, estynnwch dri pheth sy'n addas at y tywydd y diwrnod hwnnw a gadewch i'ch plentyn ddewis o blith y rheini. Os nad yw hynny'n gwneud y tro – peidiwch â phoeni – does dim ots os nad yw'r dillad yn cyd-weddu'n berffaith. Wedi'r cyfan, mae dysgu gwisgo a bod y plentyn yn barod i wneud hynny drosto'i hun yn llawer pwysicach nag edrych yn dda!

Cofiwch ganmol ei annibyniaeth.

Arhoswch gyda'ch plentyn wrth iddo wisgo. Byddwch wrth law i gynorthwyo os oes angen, ond rhowch ddigon o gyfle i'ch plentyn wisgo ei hun. Os yw amser yn brin yn y bore, dewch â dillad eich plentyn i lawr stâr a gadewch iddo wisgo tra'ch bod chi wrthi'n paratoi brecwast.

Botymau – mae angen digon o ymarfer ar gyfer gallu delio gyda botymau, ac mae'n haws ymarfer gyda botymau pobl eraill yn hytrach na'ch rhai eich hunan. Trowch e'n gêm – gwisgo doli, gwisgo *Action Man*, gwisgo crys Dad – ond dewiswch ddillad lle mae'r botymau'n ffitio'n hawdd trwy'r tyllau. Gorau oll os gallwch ddod o hyd i ddilledyn â botymau mawr arno.

Os nad yw'ch plentyn yn fodlon gwisgo oherwydd diogi, sefydlwch drefn o ofyn dair gwaith a defnyddiwch y dacteg o gyfrif i bump – mae hynny'n gweithio'n wych yn tŷ ni!

43

Mae gofyn i'ch plentyn wisgo'n llwyr ar y dechrau am fod yn ormod o sialens iddo, ac yn siwr o ymddangos yn waith caled o'i safbwynt e. Dechreuwch trwy ddysgu eich plentyn sut i wisgo ei gôt neu ei hoff wisg 'siwper arwr' ac yna symudwch ymlaen fesul tipyn. Gallwch fargeinio ar y dechrau – "gwisga di dy … ac fe wnaf i'r gweddill".

Pan fo'ch plentyn yn fwy hyderus gyda'i sgiliau gwisgo a dadwisgo ond yn dal i fod yn anfodlon ymgymryd â'r dasg, gallwch ei annog trwy gael ras wisgo yn y bore. Mae gosod siâp eich plentyn yn ei ddillad ar lawr yn gallu bod yn ysgogiad iddo hefyd. Tynnwch lun neu gludwch ffotograff o wyneb eich plentyn ar blât papur a gosodwch y dillad priodol yn y mannau priodol o amgylch yr wyneb. Gwnewch e'n gêm yn hytrach na thasg.

Problemau

Crudgen (*Cradle Cap*)

Rhwbiwch lond llwy fwrdd o olew olewydd ar yr ardal o'r pen sy'n dioddef cyn i'r plentyn fynd i gysgu. Yna, yn y bore, defnyddiwch grib mân i gribo'r croen llac i ffwrdd ac yna golchwch y cwbl allan. Mae olew almon yn helpu hefyd; ac olew *arachis* os medrwch gael gafael arno! Peidiwch â phoeni os bydd ychydig o wallt yn dod allan wrth gribo.

Babi rhwym

Gall llaeth fformiwla wneud eich babi'n fwy rhwym na bwydo ar y fron.

Rhowch fwy o ddŵr nag arfer i'ch babi. Gallwch gynnig dŵr ar wahân i'r llaeth arferol.

I fabi hŷn, gallwch gynnig ychydig o sudd oren yn y dŵr. Cymysgwch 1oz o sudd oren ffres (heb ei felysu) gyda 3oz o ddŵr wedi ei ferwi a'i oeri.

I fabi dros chwe mis sy'n bwyta amrywiaeth o fwyd, ceisiwch gynyddu faint mae e'n ei yfed (dŵr/sudd wedi ei ddyfrio) a chynigiwch fwy o rawnfwyd, llysiau a ffrwythau i drio symud pethau!

45

Crŵp

Mae sŵn peswch crŵp yn wahanol iawn i beswch annwyd, ac mae'n tueddu i daro'n waeth gyda'r hwyr ac yn y nos.

Fel cam cyntaf, mae stêm yn helpu. Ewch i eistedd yn yr ystafell ymolchi a rhedwch fath twym – peidiwch â meddwl mynd i'r bath, dim ond bod yn y stêm sy'n bwysig. Cwtshwch eich babi yn y stêm nes bydd y peswch yn llacio. Mae gosod gwlanenni gwlyb ar wresogyddion yn gallu creu stêm cynnes hefyd – ond, wrth gwrs, gwnewch yn siwr fod hynny'n ddiogel. Mae gwresogydd gwres canolog yn iawn fel arfer, ond peidiwch â gosod gwlanen wlyb ar wresogydd trydan gyda fentiau agored arno.

Mae'r anadlu'n swnllyd yn aml gyda chrŵp – cadwch lygad barcud ar hynny. Os ydych yn pryderu bod eich plentyn yn cael trafferth anadlu, neu os ydych yn gweld fod ei gyflwr e'n gwaethygu'n gyflym, ffoniwch y meddyg ar unwaith.

Llygaid gludiog

Mae camomeil yn antiseptig naturiol. Gwnewch gwpanaid o de camomeil a gadewch iddo oeri. Yna, golchwch lygaid y babi gyda'r te gan ddefnyddio gwlân cotwm. Defnyddiwch ddarn newydd o wlân cotwm ar gyfer y naill lygad a'r llall, gan sychu o'r gornel wrth ymyl y trwyn at allan. Os oes rhaid, defnyddiwch fwy nag un darn o wlân cotwm ar gyfer pob llygad er mwyn osgoi lledu'r anhwylder.

Colig

Cynigiwch *gripe water* neu un arall o'r paratoadau amrywiol sydd ar gael ar gyfer y cyflwr hwn.

Cysurwch eich babi drwy geisio tynnu ei sylw at amrywiol bethau. Gallwch ei daro ar ei gefn yn ysgafn, canu, neu edrych ar *mobile* yn troi. Rhwbiwch ei fola yn ysgafn mewn ymdrech i lacio'r gwynt.

Mae babi sy'n dioddef o golig yn gyson yn gallu bod yn straen aruthrol ar rieni newydd gan fod y babi'n ymddangos fel petai'n llefain trwy'r amser. Gall y colig barhau am wythnosau, hyd yn oed misoedd, ond peidiwch ag anobeithio – mae'n tueddu i wella wrth i fola eich babi dyfu a datblygu.

Gallwch geisio amrywio faint mae eich plentyn yn ei fwyta – er enghraifft, newidiwch y patrwm bwydo gan gynnig llai yn amlach, neu cymerwch seibiant hirach yng nghanol y bwydo. Gwnewch hyn am gyfnod i weld a yw'n helpu.

Os ydych yn teimlo bod pethau'n anodd arnoch, trefnwch i rywun y mae gennych chi ffydd ynddyn nhw ddod draw i warchod. Eglurwch wrthyn nhw ymlaen llaw beth i'w ddisgwyl o ran y llefain cyson fel na fyddan nhw'n poeni'n ormodol. Bydd yn haws i chithau fod yn amyneddgar eto os fyddwch chi wedi cael seibiant bach oddi wrth y llefain. Does dim rhaid i chi ddefnyddio'r amser i fynd allan – byddai bath hamddenol ac ychydig oriau o gwsg yn fendith yn yr wythnosau cynnar yna hyd yn oed!

Annwyd

Rhowch dywel tamp dros y gwresogydd i stemio'r stafell. Eto, byddwch yn ofalus ynghylch y math o wresogydd – dyw hi ddim yn syniad da gwneud hyn gyda gwresogydd trydan sydd â fentiau ynddo, ond mae rheiddiadur gwres canolog yn iawn.

Rhowch Vicks neu olew Olbas (Ewcalyptws) mewn powlen o ddŵr berw yn ystafell y babi, ond cofiwch roi'r bowlen mewn lle diogel ymhell o gyrraedd y babi ac yn rhywle lle na fyddwch chi'n debygol o'i bwrw hi drosodd. Mae yna blygiau arbennig i'w cael i'w gosod yn y wal hefyd – mae'r rhain yn rhyddhau'r arogleuon cywir i helpu gyda'r annwyd. Chwiliwch amdanyn nhw yn y fferyllfa.

Ac i'r dewr a'r clyfar – anelwch ychydig o laeth y fron i fyny trwyn eich babi wrth fwydo. Mae'r ensymau yn y llaeth yn dda iawn am dorri'r llysnafedd gludiog i lawr yn ôl pob tebyg!

Rhowch lyfrau o dan goesau pen y cot – mae peswch annwyd yn waeth pan fo babi yn gorwedd yn wastad gan fod y llysnafedd yn hel yng nghefn y llwnc. Bydd codi pen y cot yn rhwystro'ch babi rhag gorwedd mor wastad ac yn helpu'r pesychu. Cofiwch osod eich babi gyda'i draed yn agos at waelod y cot rhag iddo lithro o dan y blancedi. Cofiwch na all babi bach symud blancedi oddi arno'i hun mewn argyfwng.

Brech glytiau *(Nappy rash)*

Rhaid glanhau a newid clwt yn aml os am wella'r croen.

Gadewch eich babi heb glwt am gyfnodau mor hir â phosibl. Bydd awyru'r frech yn hyrwyddo gwelliant.

Defnyddiwch ddigon o hufen atal *(barrier cream)* pwrpasol, gan gofio rhwbio'r hufen i mewn i'r plygiadau yn y croen hefyd!

Cofiwch fod brech glytiau yn gwneud dolur – pan fydd ar ei gwaethaf, bydd eich plentyn yn fwy cyfforddus ar ei gefn yn hytrach nag ar ei eistedd.

Ymddygiad a chamymddwyn

Does dim yn sicrach na bod plant yn dysgu trwy esiampl. Mae modd olrhain patrymau ymddygiad plant yn ôl at eu rhieni neu eu gofalwyr – mae yna ffordd arbennig o ymddwyn o flaen eich plentyn, felly cyn gallwch chi ddisgwyl i'r plant fihafio, rhaid i chithau wneud hynny hefyd! Peidiwch â chweryla a gweiddi o flaen eich plentyn oni bai eich bod hefyd yn fodlon derbyn yr un ymddygiad ganddo e tuag atoch chi.

Nid efelychu ymddygiad rhiant yw'r unig ffordd o ddysgu camymddwyn, wrth gwrs. Gall fod yn batrwm sydd wedi bod yn effeithiol i'r plentyn mewn sefyllfa flaenorol, neu yn batrwm y mae eich plentyn wedi sylwi arno'n gweithio'n effeithiol i blant eraill.

Mae sgiliau cymdeithasol yn bwysig o'r dechrau – dysgwch eich plentyn i rannu, i gyfarch pobl wrth iddyn nhw gyrraedd eich cartref ac i barchu eiddo eraill, ac anogwch bawb yn y cartref i ddweud 'esgusodwch fi', 'diolch' ac 'os gwelwch yn

> Peidiwch ag anelu am berffeithrwydd, ond dywedwch wrth eich plentyn wneud ei orau glas a gwnewch chithau yr un fath.

dda'.

Helpwch eich plentyn i fod yn onest. Pan fydd wedi gwneud rhywbeth o'i le anogwch e i gyfaddef i hynny, gan egluro y bydd unrhyw gerydd yn ysgafnach os yw'n onest ac yn ymddiheuro. Cadwch eich gair yn hynny o beth.

> Ceisiwch beidio â chymharu doniau eich plentyn gyda doniau neb arall. Dysgwch iddo fod gan bawb eu sgiliau, eu cryfderau a'u gwendidau eu hunain.

Pwyntiwch at arwyddion fel 'stop', 'allan', 'mewn', 'lawr', a 'lan'. Fe synnwch chi pa mor gloi y bydd eich plentyn yn dysgu adnabod y geiriau, ac mae'n bwysig dangos bod yn rhaid i oedolion hefyd ddilyn gorchmynion ac ymateb i'r arwyddion hynny. Mae hyn hefyd yn fan cychwyn da wrth ddysgu darllen.

Dysgwch eich plentyn i groesi'r lôn yn ofalus. Mae ymarfer ymateb priodol i orchmynion fel "aros" a "paid" yn bwysig er mwyn sicrhau diogelwch plentyn ifanc. Gallwch wneud hynny trwy chwarae gêmau megis delwau yn y cartref. Triwch ychydig o gyfnewid sefyllfa (*role reversal*) weithiau, gan adael i'ch plentyn alw 'aros' a 'paid' arnoch chi. Sefydlwch eich llais arbennig ar gyfer argyfwng, hyd yn oed wrth chwarae, a chofiwch ymateb bob tro os ydych chi'n disgwyl i'ch plentyn wneud yr un fath!

Cadwch lygad barcud ar eich plentyn mewn mannau cyhoeddus bob amser. Does wybod pwy sydd o gwmpas. Os yw'ch plentyn yn mynnu cerdded yn hytrach nag eistedd yn y bygi, cadwch e'n agos, rhowch e ar dennyn (*reins*) os oes rhaid a dysgwch iddo y caiff gerdded wrth eich ochr dim ond os yw'n cydio yn eich llaw neu os yw'n cydio yn y bygi.

51

Dysgwch iddo sut i ateb cwestiynau sylfaenol mor fuan â phosibl – sicrhewch yn enwedig ei fod e yn gallu rhoi ei enw, ei gyfeiriad a'i rif ffôn. Os byddwch chi'n mynd allan i rywle anghyfarwydd, gwnewch yn siwr fod ganddo'r wybodaeth angenrheidiol arno mewn rhyw fodd. Mae breichledau papur pwrpasol i'w cael. Sicrhewch fod eich rhif ffôn symudol ar y freichled er mwyn galluogi rhywun i gysylltu â chi ar unwaith mewn argyfwng.

Byddwch yn gyson o'r dechrau. Peidiwch â dweud "na" ac yna ildio pan fydd eich plentyn yn llefain neu'n ailofyn dro ar ôl tro. Mae'n rhaid i chi fod yn gadarn os ydych chi'n dymuno i'ch plentyn dderbyn mai "na" yw "na". Os yw'r sefyllfa'n briodol, gallwch egluro pam ydych chi'n dweud na, a byddwch yn barod gyda'r ateb i "pam ddim?"

Os ydych chi'n rhoi addewid, cadwch hi. Bob tro. Dangoswch eich bod yn cadw eich gair a thrafodwch fod hynny'n bwysig i chi. Fe ddaw adeg pan fyddwch chi'n mynnu addewid gan eich plentyn, a bydd yn ddefnyddiol os yw e'n gwybod eich bod yn pwysleisio cadw addewid.

Os ydych chi'n ceryddu, gwnewch yn siwr eich bod yn gwneud hynny dan reolaeth, dim ots beth yw'r sefyllfa. Efallai y bydd yn rhaid i chi ymddangos yn grac a chodi llais er mwyn cael effaith, ond ceisiwch ymarfer gwneud hynny a chadw'n cŵl ar y tu mewn.

Os ydych chi'n ceryddu, gwnewch yn siwr fod y cerydd yn addas. Does dim pwynt ceryddu'n ormodol pan fydd eich plentyn yn gwneud rhywbeth bach o'i le – gallwch fentro y bydd yna adegau pan fydd angen cerydd go fawr mewn cymhariaeth!

Ymddiheurwch pan fyddwch chi wedi gwneud rhywbeth o'i le – mae angen i blant wybod bod pawb yn gwneud camgymeriad weithiau. A fedrwch chi ddim disgwyl i'ch plentyn ddysgu dweud "Mae'n ddrwg gen i" oni bai eich bod chithau'n ei ddweud e hefyd.

Cofiwch fod yna resymau dros ymddygiad gwael weithiau – rhesymau ond nid esgusodion. Er enghraifft, os ydych yn gwybod bod eich plentyn wedi blino, efallai fod angen addasu'r cerydd, ond mae'n dal angen ceryddu os ydych am osgoi sefydlu patrwm o ymddygiad gwael.

53

Os yw'ch plentyn wedi blino, pwy sydd ar fai am hynny? Cyfrifoldeb rhiant yw sicrhau bod plentyn yn cael digon o gwsg. Ceisiwch feddwl am ffyrdd i osgoi'r un math o sefyllfa'n codi eto.

Yn olaf, cofiwch fod pob plentyn yn ymateb yn well i ganmoliaeth na cherydd. Fedrwch chi byth gusanu, cwtsho na chanmol eich plentyn yn ormodol.

Dangoswch gariad a gofal a chysondeb i blentyn ac fe dderbyniwch chi'r wobr fwyaf yn ôl.

54

55